Witzikus Maximus 6

Lachalarm! Witze, die auch Eltern umhauen

Shelby Cheshire

1. Die Oma möchte von Lena wissen: „Meine Liebe, wie war heute dein erster Schultag? Was hast du gelernt?"
   Lena: „Ich habe nicht viel gelernt. Leider muss ich morgen wieder in die Schule."

2. Ein Fremder spricht Josefine an: „Hallo! Kann es sein, dass ich dein Gesicht irgendwann mal woanders gesehen habe?"
   Josefine: „Nein, das denke ich nicht. Es hat immer an der gleichen Stelle gesessen!"

3. Die Lehrerin findet eine Haube auf dem Boden: „Wem gehört diese Haube?"
   Matthias meldet sich zu Wort: „Sie sieht aus wie meine, aber sie kann es nicht sein. Denn meine habe ich schon heute morgen verloren."

4. Das Handy läutet.
   Amelie geht ran und ruft ihren Vater: „Papi, es ist Jakobs Vater. Er lässt fragen, wann du mit meinen Hausaufgaben fertig bist. Danach möchte er sie von dir abschreiben."

5. Lehrer: „Albert, erklär das nächste Beispiel!"
   Nora: „Herr Lehrer, Albert fehlt heute."
   Lehrer: „Ruhe, Albert soll gefälligst selbst antworten."

6. Lehrer: „Judith, nenne mir doch bitte eine Stadt in Italien?"
Judith: „Ja, Herr Lehrer! Welche Stadt soll ich denn nennen?"

7. Lehrerin: „Was ist dein Vater?"
Thomas: „Er ist krank."
Lehrerin: „Nein, ich wollte wissen, was er tut."
Thomas: „Er liegt im Bett und trinkt Tee."

8. Julia: „Wenn ich Kaffee trinke, kann ich nicht einschlafen."
Anna: „Merkwürdig, bei mir ist es genau umgekehrt. Wenn ich schlafe, kann ich keinen Kaffee trinken."

9. Oma stellt Antonio die Frage: „Na, wie gefällt es dir in der Schule?"
Antonio: „Eigentlich recht gut, aber irgendwie finde ich es schade, dass unser Lehrer so wenig weiß. Andauernd stellt er uns die Fragen, anstelle sie selbst zu beantworten."

10. „Manfred, warum können Fische nicht sprechen?", fragt der Lehrer.
Manfred antwortet: „Das ist aber eindeutig, Herr Lehrer! Versuchen Sie doch mal unter Wasser zu sprechen, wenn Sie den Mund voller Wasser haben."

11. Ein netter Polizist macht eine Schülerin aufmerksam: „Deine Lampe am Fahrrad funktioniert nicht. Du musst absteigen und es schieben."
Schülerin: „Das habe ich schon ausprobiert. Das Licht funktioniert trotzdem nicht, wenn ich gehe."

12. Hannah schläft im Unterricht ein.
„Ich denke nicht, dass die Schule der richtige Platz zum Schlafen ist!", ermahnt der Lehrer.
Hannah: „Es funktioniert sehr gut. Sie müssen nur noch etwas leiser sprechen."

13. In der Früh spricht die Lehrerin Luka an: „ Gestern Nachmittag habe ich dich mit deinem neuen Roller gesehen. Wie geht er denn?"
Luka: „Er kann nicht gehen, er fährt.»
Lehrerin: „Na gut! Wie fährt er denn?"
Luka: „Es geht!"

14. Der Lehrer ruft verärgert: „Ferdinand! Wie kommt es, dass dein Aufsatz über euer Meerschweinchen identisch mit dem deines Bruders ist?"
Ferdinand antwortet sehr raffiniert: „Ganz einfach, Herr Lehrer, wir haben nur ein Meerschweinchen zu Hause."

15. Im Lehrerzimmer unterhalten sich zwei Lehrerinnen. Sagt die eine Lehrerin zu der anderen: „Meine Schüler gehorchen mir aufs Wort."

Fragt sich die andere Lehrerin: „Das habe ich bis heute noch nicht geschafft. Wie machst du das bloß?"

Sie antwortet: „Ganz einfach! Wenn ich morgens reinkomme, sage ich zu den Kindern: „Ihr könnt das machen, was ihr wollt. Und genau das machen sie dann."

16. Ivan möchte wissen: „Mama, warum hat Papa so wenig Haare?"
„Er denkt zu viel, Schatz.“, meint die Mutter.
Ivan ist verwirrt: „Aber Mama, warum hast du so viele Haare?"
Die Mutter erwidert: „Ich glaube, es ist am besten, wenn du jetzt raus gehst und spielst."

17. Klara fragt: „Papi, darf ich auf meinem Abschlussball ein Kleid von Coco Chanel tragen?"
Ihr Vater erlaubt es ihr: „Wieso auch nicht, wenn ihr die gleiche Kleidergröße habt?"

18. Die Klassenlehrerin schreit: „Kinder, kommt alle weg vom offenen Fenster. Wenn da einer rausfällt, will es nachher wieder keiner gewesen sein!"

19. Die Sekretärin der Schulleitung jammert: „Wir haben einfach keinen Platz mehr in den Schränken. Sollen wir nicht die uralten Zeugnisse und Dokumente vernichten? Da sind ja noch Unterlagen von 1910 dabei!"
Die Schulleitung akzeptiert den Vorschlag: „Gute Idee, aber machen Sie vorher von allem noch eine Kopie!"

20. Anton beschwert sich: „Meine Mutter macht alles falsch. Am Abend, wenn ich hellwach bin, muss ich ins Bett, und am Morgen, wenn ich todmüde bin, da muss ich aufstehen."

21. Emilia grübelt: „Herr Lehrer! Haben Schlangen eigentlich einen Schwanz?"
Der Lehrer erklärt: „Selbstverständlich, das ist doch das Einzige, was sie besitzen."

22. Der Lehrer erklärt eine Rechnung: „Wenn ich vier Eier auf das Pult lege und du legst noch einmal vier Eier dazu. Wie viele sind es dann?"
Moritz löst die Aufgabe: „Tut mir leid, aber ich kann doch keine Eier legen."

23. Der Lehrer stellt der Klasse eine Frage: „Welcher Vogel baut kein Nest?"
Jasmin glaubt die Antwort zu kennen: „Der Kuckuck."
Der Lehrer fragt weiter: „Und warum nicht?"
„Na, weil er in einer Uhr wohnt.", antwortet Jasmin.

24. Das Telefon im Sekretariat klingelt.
Die Stimme aus dem Hörer sagt: „Ich wollte Ihnen mitteilen, dass Dominik Meier heute nicht zum Unterricht kommen kann. Er ist krank und liegt im Bett."
„Und mit wem spreche ich da?", möchte die Lehrerin wissen.
Die Stimme erwidert: „Mein Vater!"

25. Der Lehrer fragt die Schüler und Schülerinnen: „Wie war das Wetter in den Ferien? Hat es oft geregnet?"
Martin antwortet: „Nein, Herr Lehrer, eigentlich nur zweimal, einmal sieben, und einmal vier Tage lang."

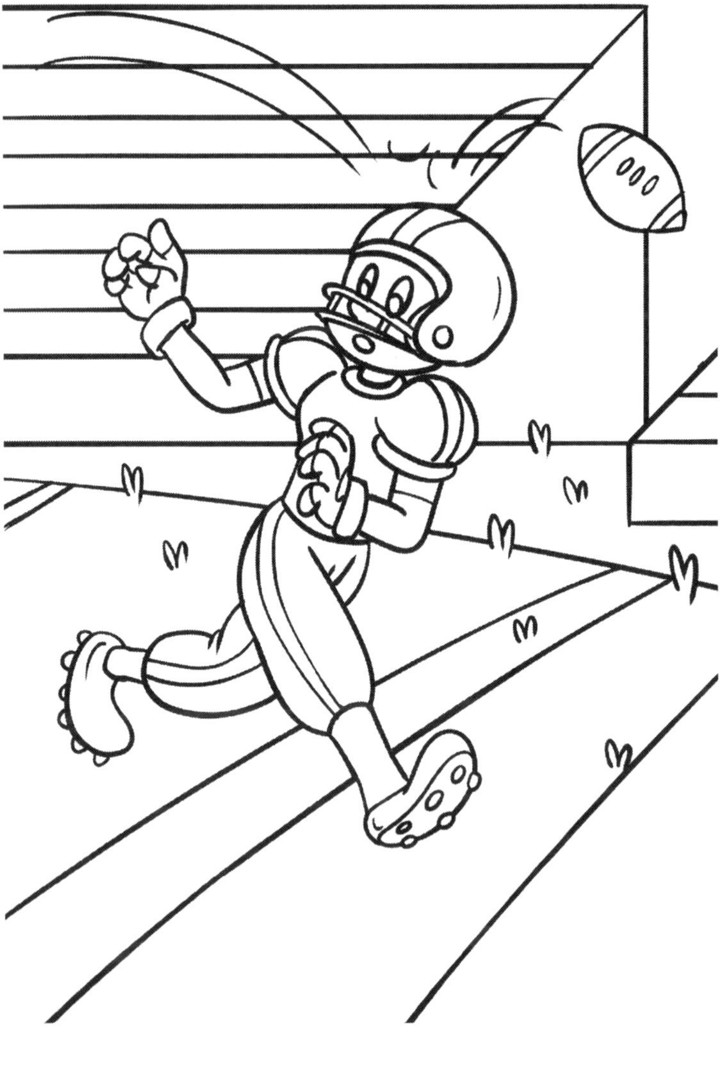

26. Der Lehrer ärgert sich über Sebastian: „Es ist jeden Tag dasselbe mit dir. Du fällst als der Schlechteste in der Klasse auf. Du arbeitest langsam, du liest langsam, du schreibst langsam, du rechnest langsam. Sag mir doch, was bei dir schnell geht?"
Sebastian: „Ich werde schnell müde."

27. Die Tante fragt ihren kleinen Neffen: „Warum weinst du denn so?"
Der Neffe schluchzt: „Weil ich keine Ferien bekomme."
Die Tante ist etwas verwirrt: „Und wieso das?"
Der Neffe antwortet weinend: „Weil ich noch gar nicht in die Schule gehe."

28. Der Lehrer fragt: „Gustav, wo ist denn dein Hund? Er hat dich doch jeden Tag zur Schule begleitet."
Gustav antwortet: „Er musste uns verlassen."
Der Lehrer möchte es genauer wissen: „Warum denn das?"
„Er hat die Klasse bestanden und ich nicht.", antwortet Gustav.

29. Der Vater stellt Oskar zur Rechenschaft: „Warum kommst du heute so spät aus der Schule?"
„Ich habe mich geweigert jemanden zu verpetzen.", antwortet Oskar.
Der Vater meint: „Das ist doch sehr anständig. Worum ging es denn?"

Oskar erwidert: „Um Julius Cäsar. Der Lehrer wollte unbedingt wissen, wer sein Mörder war."

30. Die Lehrerin: „Du siehst übermüdet aus. Wie viele Stunden schläfst du täglich?"
Lina: „Höchstens drei bis vier Stunden, Frau Lehrerin."
Die Lehrerin: „Das ist doch viel zu wenig."
Lina: „Mir genügt es, denn in der Nacht schlafe ich ja auch noch zehn Stunden."

31. Helga bittet den Lehrer um Hilfe: „Herr Lehrer! Ich habe ein Problem."
Der Lehrer möchte helfen: „Was bedrückt dich denn?"
Helga schildert ihr Problem: „Ich höre immer Stimmen, aber ich sehe niemanden."
Der Lehrer möchte mehr wissen: „Ach so? Und wann tritt das auf?"
Helga antwortet: „Immer dann, wenn ich telefoniere."

32. Die Lehrerin fragt den neuen Schüler: „Wie heißt du?"
Alfred beantwortet: „Alfred ohne ‚k', Frau Lehrerin."
Die Lehrerin ist verwundert: „Ohne ‚k' ?"
Alfred meint: „Ja, ohne ‚k'!"
Die Lehrerin erklärt: „Aber Alfred schreibt man doch immer ohne ‚k'."
Alfred erwidert: „Ja! Das sage ich ja die ganze Zeit."

33. Der Lehrer fragt Emil: „Wie ist dein Familienname?"
Emil antwortet schnell: „Mein Name ist Lang."
Der Lehrer verlangt von Emil: „Gut! Dann beginn zu buchstabieren!"

34. „Wie alt bist du, Richard?“, möchte die Lehrerin wissen.
Richard antwortet: „Sieben!”
Dann fragt die Lehrerin: „Und was möchtest du mal werden?”
Richard entgegnet ihr: „Acht!”

35. Max sitzt vor der Schule.
Die Lehrerin beobachtet: „Max, warum gehst du denn nicht nach Hause?”
Max reagiert: „Weil meine Mutti schlechte Laune hat.”
Die Lehrerin möchte helfen: „Und warum hat sie schlechte Laune?”
„Weil ich nicht nach Hause komme.“, meint Max.

36. Tobias sucht: „Wo ist denn bloß mein Bleistift?" Kevin hat ihn gefunden: „Hinter deinem Ohr." Tobias sucht weiterhin fragend: „Ich habe keine Zeit zum Suchen. Hinter welchem Ohr?"

37. Valentin erzählt: „Papa, heute haben wir in der Schule Experimente mit Sprengstoff gemacht." Der Vater fragt fasziniert: „Und was macht ihr morgen in der Schule?"
„In welcher Schule?", antwortet Valentin.

38. Die Lehrerin will im Geschichtsunterricht wissen: „Was geschah 1759?"
Luisa meldet sich zu Wort: „Da wurde Friedrich Schiller geboren."
Die Lehrerin lobt: „ Sehr gut! Und was war 1762?"
Luisa rechnet: „Da wurde Schiller drei Jahre alt."

39. Der Lehrer diskutiert mit Elisabeth: „Warum antwortest du eigentlich immer mit einer Gegenfrage?"
„Tue ich das wirklich?", fragt Elisabeth.

40. Die Lehrerin fordert auf: „Jenny! Warum hast du gerade eben gelacht?"
Jenny erwidert: „Ich musste an etwas Lustiges denken."
„Na gut, dann merke dir: In der Schule wird nicht gedacht.", ermahnt die Lehrerin.

41. „Welches Land wurde über Jahrhunderte von Kalifen regiert?“, möchte die Lehrerin wissen. Karin antwortet: „Das ist doch sehr einfach! Kalifornien wurde von Kalifen regiert.”

42. Fabio urteilt: „Unser Lehrer ist womöglich dumm. Er hat keine Ahnung, wie ein Pferd aussieht.” Die Mutter meint zu Fabio: „Übertreibst du da nicht ein wenig?» Fabio bestreitet: „Nein, bestimmt nicht! Gestern in der Zeichenstunde habe ich ein Pferd gemalt und da hat er mich gefragt, was das darstellen soll.”

43. Der Lehrer hinterfragt: „Warum kann ich behaupten, dass diese drei Punkte auf einer Geraden liegen?” Oskar begründet: „Weil Sie der Mathematiklehrer sind.”

44. Die Nachbarin fragt Leopold: „Müsstest du nicht in der Schule sein?” Leopold behauptet: „Nein, ich bin krank.” „Oh, und wie geht es dir?“, sorgt sich die Nachbarin. Leopold antwortet: „Ich fühle mich sehr gut. Ich bin nur krank!”

45. Der Lehrer stellt die Frage: „Was würdet ihr tun, wenn ihr im Urwald eine Schlange seht?” Jonas schlägt vor: „Ganz manierlich hinten anstellen.”

46. Luigi fragt Mario: „Wann wollen wir uns treffen?"
Mario meint: „Mir ist es egal."
„Und wo?", möchte Luigi wissen.
„Wo du willst.", antwortet Mario.
Luigi fragt nach: „Und um wie viel Uhr?"
„Wann du willst.", entgegnet Mario.
Luigi verabschiedet sich: „Okay, bis dann!"

47. Der Lehrer fragt Sam: „Was hast du denn da für ein seltsames Paar Schuhe an? Du trägst einen blauen und einen weißen Schuh!"
Sam bestätigt: „Ich weiß! Ich besitze dasselbe Paar sogar zweimal."

48. Der Lehrer wendet sich an einen Schüler: „Hast du das Fahrrad vor der Schule dir mitgehen lassen?"
„Nein, durchsuchen Sie mich!", fordert dieser auf.

49. Oma erkundigt sich bei Henry: „Wie gefällt es dir in der Schule?"
Henry betont: „Es geht so, man verliert dadurch viel Zeit."

50. Der Lehrer fragt: „Weißt vielleicht einer von euch, wie lange Fische leben?"
Manuel beantwortet die Frage: „Wahrscheinlich genauso wie kurze."

51. Die Lehrerin erläutert das Beispiel an Josefine: „Josefine! Wenn vier mal vier sechzehn ist und sechs mal sechs sechsunddreißig. Wie viel ist dann sechsunddreißig mal sechsunddreißig?”
Josefine beschwert sich: „Das ist aber nicht gerecht, Frau Lehrerin. Ich muss die schwierigen Rechnungen beantworten.”

52. Julian behauptet: „Ich bin unschuldig.”
Der Direktor begründet: „Das sagen alle.”
Julian bestätigt: „Da sehen Sie ja selbst. Wenn es alle sagen, dann muss es doch auch stimmen.”

53. Der Lehrer lobt: „Ihre Tochter ist sehr fleißig. Sie ist sehr neugierig und hat einen enormen Wissensdurst. Von wem hat sie das wohl geerbt?”
Mutter: „Das Wissen, das hat sie von mir geerbt; den Durst, den hat sie von ihrem Vater.”

54. Die Lehrerin fragt Elias: „Elias, was ergibt sieben mal sieben?”
Elias überlegt und antwortet rasch: „Ganz feinen Sand.”

55. Der Lehrer fordert die Kinder auf: „Wenn die großen Jungs mit Schneebällen nach euch werfen, dann dürft ihr nicht zurückwerfen, sondern ihr müsst mich rufen.”
„Meinen Sie wirklich, Sie könnten besser werfen?“, hinterfragt Alexander.

56. Die Lehrerin fragt Felix: „Wie ist deine neue Brille, kurz- oder weitsichtig?"
Felix reagiert: „Weder noch. Sie ist durchsichtig."

57. Der Lehrer beschäftigt sich: „Heidi, wie ist das nur möglich. Vierzehn Fehler auf einer einzigen Seite."
Heidi antwortet: „Das liegt daran, weil Sie wie verrückt nach Fehlern im Text suchen."

58. Miriam kündigt an: „Mutti! Heute haben wir in der Schule gelernt, wozu die Bienen gut sind."
Mutter fragt nach: „Und, wozu sind sie da?"
Miriam antwortet: „Sie wischen den Staub von den Blumen, so wie du!"

59. Der Lehrer schildert: „Ich habe dich beobachtet! Du hast auf dem Nachhauseweg meinem Schäferhund die Zunge rausgestreckt."
Sabrina bestätigt: „Das streite ich nicht ab, aber Ihr Hund hat angefangen."

60. Phillip freut sich: „Ich bekomme ein kleines Brüderchen."
Die Lehrerin fragt ihn: „Warum bist du dir denn da so sicher?"
Phillip begründet: „Letztes Mal als meine Mama im Krankenhaus war, kam sie mit meiner Schwester zurück. Dieses Mal geht mein Papa ins Krankenhaus und kommt wahrscheinlich mit einem Bruder zurück."

61. Der Lehrer bittet Igor an die Tafel: „Igor, bitte zeig mir wo Amerika auf der Landkarte liegt!"
Igor erwidert: „Hier ist Amerika!"
Der Lehrer fragt weiter: „Und wer hat Amerika entdeckt?"
Die Klasse sagt im Chor: „Das war Igor!"

62. Die Lehrerin fragt die Klasse: „In welchem Monat werden die meisten Kinder geboren?"
Charlotte zeigt auf: „Im Neunten."

63. Der Lehrer erklärt: „Ein Kreis ist immer rund, auch an seinen Ecken."

64. Melina denkt nach: „Was es wohl heute zum Mittagessen in der Schule gibt?"
Ihre beste Freundin antwortet: „UFOs, **U**nbekannte **f**leischähnliche **O**bjekte."

65. Ein Wartender in der Warteschlange bei der Essensausgabe spricht Konstatin an: „He, du musst dich auch hinten anstellen, wie alle anderen auch."
Konstantin erwidert: „Da ist das Problem. Da steht schon einer."

66. Klaus jammert: „Ich mag nicht mehr in die Schule gehen. Immer wenn die Lehrerin nicht mehr weiter weiß, fragt sie mich als Erstes."

67. Eine Kuh trifft auf einen Polizisten und sagt: „Stellen Sie sich vor, mein Mann ist auch ein Bulle."

68. Stehen zwei Kühe auf der Weide. Fragt die eine: "Warum sagst du die ganze Zeit „Brrr! Brrr!" "
Sagt die Andere: „Gleich kommt der Melker und der hat immer so kalte Hände."

69. Zwei Wachhunde stehen im Hof:
Sagt der Eine: „Hörst du denn nichts?"
Antwortet der Andere: „Klar, höre ich es."
„Warum bellst du dann nicht?", fragt der Erste.
Begründet der Zweite: „Na, dann höre ich doch nichts!"

70. Der kleine Goldfisch beklagt sich bei seiner Mutter: „Mami, ich habe so einen Durst."

71. Stehen zwei Kühe auf der Weide. Sagt die eine: „Muh!“ Sagt die Andere: „Wollte ich auch gerade sagen!”

72. Eine Forelle zur anderen: „Du, gleich fängt es an zu regnen, komm schnell ins Wasser, sonst werden wir noch nass!”

73. Treffen sich zwei Karpfen. Fragt der eine: „Was machst du heute Nachmittag?”
Antwortet der andere: „Ich glaube, ich gehe schwimmen.”

74. Eine Schlange fragt eine andere Schlange: „Sind wir giftig?”
Antwortet die andere: „Ja, sind wir. Warum fragst du?”
Beklagt sich die Erste: „Ups, ich habe mir gerade auf die eigene Zunge gebissen! Was nun?”

75. Stehen zwei Schafe auf der Weide.
Meint das eine: „Mäh!”
Antwortet das andere: „Mäh doch selbst!”

76. Ein Mann sitzt im Zug und kaut schweigend an seinem Kaugummi.
Die ältere Dame gegenüber spricht ihn an: „Junger Mann, Sie sind ja sehr freundlich, dass Sie mir so viel von Ihnen erzählen! Leider kann ich Sie nicht hören. Ich bin völlig taub."

77. Leonie spricht zu ihrer Mutter: „Zum Glück wohnen wir nicht in der Wohnung unter uns."
„Warum denn?", fragt die Mutter.
Das Mädchen erläutert: „Unsere Nachbarin, die unten wohnt, rief gerade an und meinte, dass hier oben immer ein sehr lauter Lärm sei."

78. Der Lehrer beschreibt: „In den griechischen Sagen gibt es viele mystische Wesen. Manche sind halb Mensch und halb Tier. Wie heißt zum Beispiel das Zwischending zwischen Mensch und Pferd?"
Adrian meldet sich: „ein Sattel!"

79. Der Lehrer fragt Franziska: „Warum ist ein Eisbär weiß?"
Franziska entgegnet: „Wenn er rot wäre, müsste er ja Himbär heißen."

80. Die Mutter fragt Elisa: „Warum hast du deinen Teddybären denn ins Eisfach gelegt?"
Darauf antwortet Elisa: „Na weil ich so gerne einen Eisbären hätte!"

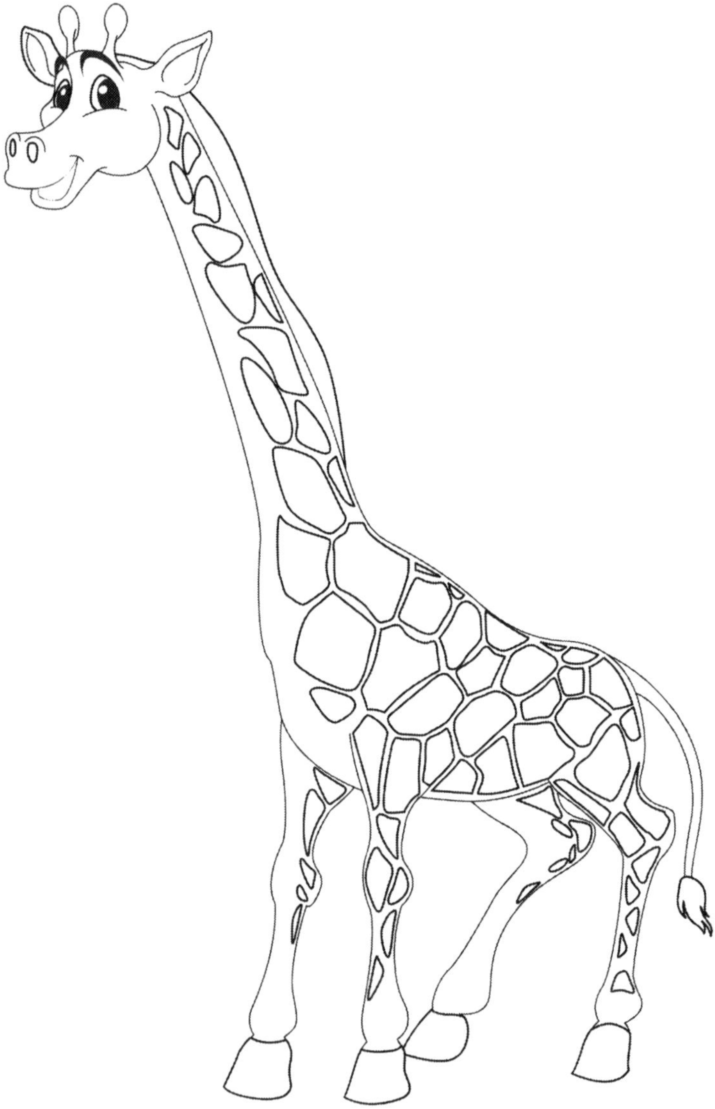

81. Die kleine Lia spielt im Wohnzimmer ihrer Großmutter. Plötzlich läuft sie gegen das Regal und eine große Vase fällt zu Bruch. Die Großmutter schreckt auf und sagt: „Die Vase ist aus dem 18. Jahrhundert!“. Darauf meint Lia erleichtert: „Da hatte ich ja noch Glück! Und ich dachte schon, dass sie vielleicht neu wäre!”

82. Der kleine Gabriel ist beim Spielen hingefallen. Da fragt die Großmutter ganz aufgeregt: „Gabriel, ist deine Nase noch heile?“ Gabriel antwortet: „Ja Oma, mach dir keine Sorgen. Die zwei Löcher waren vorher auch schon drin!”

83. Erik sitzt im Biologie-Unterricht. Da fragt der Lehrer: „Welches ist das schlaueste Tier?”
Erik meldet sich und sagt: „Das ist natürlich der Kuckuck. Der kann schließlich seinen eigenen Namen sagen!”

84. Joshua trifft seinen Freund Günther auf der Straße. „Hallo Joshua, wie heißt eigentlich dein neuer Hund?”
Joshua antwortet: „Keine Ahnung, er will es mir nicht sagen.”

85. Ein Mann geht im Einkaufszentrum in ein Geschäft. Er stellt sich an den Tresen und sagt „Guten Tag, ich bräuchte bitte eine neue Brille.“ Darauf antwortet die Verkäuferin hinter dem Tresen: „Ja das stimmt. Sie sind hier beim Bäcker.”

86. Treffen sich zwei Forellen. Sagt der eine: „H(a) i!“.
Fragt der andere ganz erschrocken: „Wo? Wo? Wo?”

87. Fragt der Lehrer die Klasse: „Wie viele Kontinente gibt es und wie heißen sie?“ Daraufhin meldet sich Tomislav und antwortet: „Es gibt viele Kontinente und ich heiße Tomislav.”

88. Der Lehrer fragt die Klasse: „Stellt euch vor, dass ihr fünf Knöpfe in der Hosentasche habt und zwei fallen raus. Was habt ihr dann in der Hosentasche?”
Dann antwortet Niklas: „Ein Loch!”

89. Gehen zwei Zahnstocher durch den Wald. Kommt plötzlich ein Igel vorbeigelaufen. Sagt der eine Zahnstocher zum anderen: „Ich wusste gar nicht, dass hier ein Bus fährt.”

90. Unterhalten sich zwei Männer. Sagt der Eine: „Ich finde alle Menschen sollten bei offenem Fenster schlafen!“ Fragt sein Gegenüber: „Wieso? Sind Sie etwa Arzt?“ Antwortet der Andere: „Nein, ein Einbrecher!”

91. Zwei Schnecken stehen an einer Straßenkreuzung. Die Eine möchte die Straße überqueren, da sagt die andere: „Vorsicht! In zwei Stunden kommt der nächste Bus."

92. Geht ein Mann in die Buchhandlung und sagt: „Ich würde gerne einen sehr spannenden Krimi lesen wollen." Sagt der Verkäufer: „Da kann ich Ihnen dieses Buch empfehlen. Bei diesem Buch erfährt man erst auf der letzten Seite, dass der Kellner der Täter ist."

93. Der kleine Samuel möchte wissen: „Warum summen Bienen?"
Seine Mutter antwortet: „Weil sie den Text nicht kennen."

94. Die neugierige Sonja fragt: „Wieso stehen Flamingos auf einem Bein?"
Der Vater erklärt: „Weil sie sonst hinfallen würden."

95. Der Opa fragt: „Was ist schwarz, weiß und rot?"
Sein Enkel antwortet: „Ein Zebra mit Sonnenbrand."

96. Marina fragt: „Was sagt eine Schnecke auf dem Rücken einer Schildkröte?"
Marlene antwortet: „Hey, nicht so schnell!"

97. Sitzen zwei Mäuse auf dem Dach und beobachten den Sternenhimmel. Plötzlich fliegt eine Fledermaus an den beiden vorbei. Da ruft die eine Maus ganz aufgeregt: „Unglaublich, das muss wohl ein Engel gewesen sein!"

98. Jonas fragt: „Wie nennt man einen Keks, der unter einem Baum liegt?"
Janina antwortet: „Ein schattiges Plätzchen."

99. Im Musikunterricht fragt der Lehrer: „Nennt mir mal ein beliebiges Streichinstrument."
Da meldet sich Ferdi: „der Pinsel!"

100. Die Familie sitzt am Mittagstisch, da sagt die kleine Leonie: „Ich will die Nudeln!" Die Mutter entgegnet: „Wie lautet das Zauberwort mit zwei ‚t'?" Darauf sagt Leonie: „Flott!"

101. Sagt der eine zum anderen: „Darf ich was von deinem Bagel haben?"
Sagt der andere: „Ja, aber nur die Mitte!"

102. Wollten zwei Zitronen zusammen frühstücken, und als die eine nicht kam, wurde die andere sauer!

103. Theo kommt zu spät zur Schule. Er rast durch das Treppenhaus und wird vom Direktor aufgehalten.
„Zehn Minuten zu spät," ermahnt der Direktor.
„Ich auch!" antwortet Theo.

104. Stefan fragt: „Was liegt am Strand und hat schlechte Laune?"
Leon antwortet: „Eine Miesmuschel."

105. „Mein Joghurt ist mir heruntergefallen – er war nicht mehr haltbar!"

106. Der Vater fragt: „Was sagt der große Stift zum kleinen Stift?"
Lotte antwortet: „Wachs-mal-Stift!"

107. Die Zeichenlehrerin sagt: „So Kinder jetzt malt mal eine Wiese, auf der eine Kuh steht." Nach drei Minuten gibt Maria das Blatt ab. Sagt die Lehrerin: „Aber Maria, da ist doch keine Wiese!" Antwortet Maria: „Ja die hat die Kuh gefressen." „Und wo ist die Kuh?", fragt die Lehrerin. Maria antwortet: „Ja die bleibt doch nicht mehr da, wo kein Gras mehr ist."

108. Bernhard fragt seinen Lehrer: „Kann man für etwas bestraft werden, was man nicht gemacht hat?"
Antwortet der Lehrer: „Nein, natürlich nicht"
Bernhard entgegnet erleichtert: „Gut, ich habe nämlich meine Hausaufgaben nicht gemacht!"

109. „Ich wollte Spiderman anrufen, aber er hatte kein Netz!"
Simon fragt: „Was ist ein Uhu mit Sprachfehler?

110. „Ein Aha.", sagt Franziska

111. Papa bringt seinen kleinen Sohn ins Bett. Nach einer Weile öffnet die Mutter ganz vorsichtig die Zimmertür und fragt leise: „Und, ist er schon eingeschlafen?"
Antwortet der kleine Sohn: „Ja, und er schnarcht!"

112. Zwei Kinder laufen an einem ausgetrockneten See vorbei. Sagt das eine Kind zum anderen: „Schau mal, der See ist weg!" Sagt das andere Kind: „Das war bestimmt ein Seeräuber!"

113. Treffen sich zwei Geister. Fragt das Eine: „Hast du den Job im Restaurant bekommen?"
„Ja, habe ich!", antwortet das Andere
Das erste Gespenst fragt weiter: „Etwa als Kellner?"
Antwortet das Andere wieder: „Nein, als Tischtuch!"

114. Der Lehrer gibt einen Rätsel auf: „Wenn man es braucht, wirft man es weg und wenn man es nicht mehr braucht, holt man es wieder zurück. Was ist das?"
Katharina kennt die Antwort: „ein Anker!"

115. Der Opa fragt: „Was ist die Steigerung von „Buchstabensuppe"?"
„Wörtersee"!, antwortet Jack.

116. Die liebe Oma ist zu Besuch.
Beim gemeinsamen Essen am Tisch schüttelt sie den Kopf und beschwert sich über ihre Enkelin: „Neda, wie kann man nur mit vollem Mund reden?"
Neda antwortet: „Das ist nur eine Übungssache, Oma!»

117. „Wie unterscheiden sich die Schule und ein Irrenhaus?"
Antwort: „Durch die Telefonnummer!"

118. Die Lehrerin fragt Lola: „Weißt du, was ‚Glocke' auf Englisch heißt?"
„Nein, das weiß ich nicht.", antwortet Lola.
Die Lehrerin erklärt: „bell"
Lola bellt: „Wau, wau!"

119. Der Deutschlehrer sagt zu Daniela: „Wenn du nur eine Sache über die Dichter des 17. Jahrhunderts weißt, dann bekommst du keine schlechte Note von mir, versprochen!"
Daniela antwortet überlegt: „Sie sind alle tot."

120. „Wie alt kann eine Maus werden?", fragt die Lehrerin.
Jakob meldet sich: „Das kommt auf die Katze drauf an."

121. Der Vater fragt: „In Welchem Zug passt nur eine Person hinein?”
„In einen Anzug.“, antwortet Marie.

122. Die Lehrerin stellt eine Frage: „Wenn ich sage, ‚ich bin schön gewesen‘, dann spreche ich in der Vergangenheitsform. Wenn ich nun aber sage: ‚ich bin schön‘, was ist das?”
„Eine glatte Lüge, Frau Lehrerin.“ platzt Diana heraus.

123. Die Lehrerin möchte wissen: „Was taten die Hebräer, nachdem sie durchs Rote Meer marschiert waren?”
„Sie trockneten sich ab.“, antwortet Emilia.

124. Emma sagt zu ihrem Papa: „Weißt du, dass Mädchen schlauer sind als Jungs?”
Der Papa entgegnet: „Nein, das habe ich nicht gewusst.”
„Siehst du!“, antwortet die Tochter.

125. Fragt der Lehrer die Klasse: „Wer kann mir vier Tiere aus Australien nennen?“ Meldet sich Ben: „Ein Koala und drei Kängurus!”

126. Treffen sich zwei Tiere. Sagt das eine: „Hallo! Ich bin ein Wolfshund. Meine Mama ist ein Wolf und mein Papa ist ein Hund. Und welches Tier bist Du?"
Das andere Tier antortet: „Ein Ameisenbär."
„Nie und nimmer!", entgegnet der Wolfshund.

127. Papa bringt die Zwillinge Franklin und Luka ins Bett. Franklin kichert die ganze Zeit.
Der Papa fragt: „Warum lachst du denn die ganze Zeit so?"
„Ach Papa, du hast Luka zweimal die Zähne geputzt und mir gar nicht."

128. Zwei Freunde schauen Fußball: „Ein gutes Spiel! Nur die Tore fehlen!", sagt der eine,
„Wieso, da stehen doch zwei!", sagt der andere Freund.

129. Olga fragt: „Mama, wie lang bist du schon mit Papa verheiratet?"
Die Mutter antwortet: „Ganze zehn Jahre, meine liebe Tochter!"
Olga möchte wissen: „Und wie lange musst du noch?"

130. Doris fragt: „Mami, ist der stille Ozean wirklich ganz still?"
„Doris, kannst du nicht mal was vernünftiges fragen?", entgegnet die Mama.
Doris stellt eine andere Frage: „Hm, wann ist das tote Meer gestorben?"

131. Treffen sich zwei Rühreier, sagt das eine: „Irgendwie bin ich so durcheinander!"

132. Es ging eine Uhr zum Arzt und der Arzt sagte „Du tickst nicht mehr richtig.".

133. Fiona fragt ihren Papa: „Papa, was macht ein Storch, wenn er auf einem Bein steht?"
„Na was wohl, er überlegt den nächsten Schritt.", antwortet der Papa.

134. Die Mutter erklärt Rebecca: „Eine Krankheit greift immer erst die schwächsten Stellen des Körpers an." Rebecca meint: „Aha, deshalb hat meine Schwester also immer Kopfschmerzen!"

135. Der Lehrer fragt die Klasse: „Wenn ich 30 Äpfel in einer Hand und 20 in der anderen habe, was habe ich dann?"
„Wirklich große Hände.", antwortet Owen.

136. Eine Frau auf dem Markt möchte wissen: „Sind das deutsche oder ausländische Birnen?"
„Wollen Sie sie essen oder mit ihnen sprechen?“, antwortet der Verkäufer.

137. Eine besorgte Frau bittet um Rat: „Herr Doktor, mein Mann glaubt er wäre ein Hubschrauber!"
„Schicken sie ihn zu mir!“, meint der Arzt.
Die Frau entgegnet: „Ok, und wo soll er landen?"

138. Der Lehrer fragt: „Welche Muskeln werden beansprucht, wenn ich boxe?"
„Meine Lachmuskeln.“, antwortet, Benjamin.

139. Réne fragt: „Warum können Fische eigentlich nicht sprechen, Mami?"
„Komische Frage, sprich du mal, wenn dein Kopf unter Wasser ist!“, erklärt die Mutter.

140. Jakob bittet: „Bitte die kaputten Glühbirnen nicht wegwerfen! Ich sammle sie."
Der Lehrer fragt ihn: „Wofür brauchst du denn die kaputten Glühbirnen?"
Jakob antwortet: „Ich werde sie für meine neue Dunkelkammer nutzen."

141. Vicky fragt: „Herr Lehrer, ernähren sich Krokodile von Seide?"
Der Lehrer erwidert: „Wie kommst du auf diese Frage?"
Vicky erzählt: „Gestern bin ich an einem Schaufenster vorbeigelaufen und bei der Handtasche stand auf einem Schild „Echt Krokodil, mit Seide gefüttert"."

142. Der Lehrer erläutert ein Beispiel: „Eine Frau kauft eine Tasche für 25 Euro 50 Cent und verkauft sie wieder für 20 Euro 90 Cent. Hat sie nun Verlust gemacht oder Gewinn?"
Da meldet sich Jelena: „Bei den Euros hat sie einen Verlust gemacht, aber bei den Cents hat sie gewonnen."

143. Der Onkel beschreibt: „Seit dem du aus den Ferien zurück bist, ist mir aufgefallen, dass du dicke Backen bekommen hast. Gab es so gutes Essen dort?"
James antwortet: „Nein, das war nicht das gute Essen, aber ich musste immer die Luftmatratzen aufblasen."

144. Der Lehrer fragt: „Was ist Ihr Vater?"
„Er isst alles, was auf den Tisch kommt.", antwortet Margot.

145. Die Lehrerin möchte von Christina wissen: „Warum hast du die Luft aus den Fahrradreifen rausgelassen?"
Christina antwortet: „Ich kann nicht bequem auf dem Sattel sitzen. So kommt der Sattel runter."

THANK
YOU

146. Der Opa fragt: „Hat jemand von euch das Fußballspiel gestern gesehen?"
Julius antwortet: „Ja, ich!"
Der Opa möchte wissen: „Wie ist das Spiel ausgegangen?"
„Wie immer! Pünktlich mit dem Schlusspfiff vom Schiedsrichter.", antwortet Julius.
Der Opa erwidert: „Nein, das wollte ich nicht wissen. Wie viele Tore wurden geschossen?"
Julius antwortet: „Auch wie immer: an jeder Ecke des Spielfeldes eines."

147. Wendy fragt: „Wollen wir uns heute Nachmittag treffen?"
Rosa antwortet: „Ja! Sei bitte um 14.00 Uhr beim Haupttor im Park."
Wendy entgegnet: „Geht klar und wann kommst du?"

148. Der Lehrer stellt die Frage: „Was ist ein Katalog?"
Gerhard: „Es ist die Vergangenheitsform von ‚Ein Kater lügt'."

149. Der Lehrer fragt: „Wie viel ist vier mal vier?"
Elke antwortet: „Das macht zwölf."
Der Lehrer entgegnet: „Wie wäre es mit sechzehn?"
„Ja sind wir hier denn in der Schule, oder auf einer Versteigerung?", vergleicht Elke.

150. Die Flugbegleiterin verteilt im Flugzeug Kaugummi und spricht zu einem älteren Herren: „Das ist gut für die Ohren."
Nach einigen Stunden spricht der ältere Herr die Flugbegleiterin an: „Können Sie mir bitte sagen, wie man das Zeug wieder aus den Ohren herausbekommt?"

2
4

Autor: Shelby Cheshire
Verleger: Malik Abbass

Impressum
Angaben gemäß § 5 TMG

Malik Abbass
Handelskai 102-112/2/5
1200 Wien

Telefon: +43 660 286 3333
E-Mail: malik.abbass@gmx.at

Printed in Poland
by Amazon Fulfillment
Poland Sp. z o.o., Wrocław

47529806R00041